JN440637

오늘의문학시인선 404

마르지 않는 샘

서민기 시집

오늘의문학사

국립중앙도서관 출판시도서목록(CIP)

마르지 않는 샘 : 서민기 시집 / 지은이: 서민기. -- 대전 : 오늘의문학사, 2017
p. ; cm. -- (오늘의문학 시인선 ; 404)

ISBN 978-89-5669-867-0 03810 : ₩9000

한국 현대시[韓國現代詩]

811.7-KDC6
895.715-DDC23 CIP2017029907

마르지 않는 샘

■ 서시

사랑 꽃

가까이
다가갈수록
아름다워라.
오래오래
바라볼수록
사랑스러워라.

가끔씩
가시로 나를 찌르지만
다 나의 잘못이려니 하면
아프지가 않아

부디 오래오래
아프지 마라
시들지 마라
아직 피우지 못한 꿈
다 이룰 때까지
사랑으로 피어나는
소중한 꽃이어라.

■ 서시 — 4

제1부 마르지 않는 샘

늘 기대어 — 11
마르지 않는 샘 — 12
가을이야 — 13
그리움 — 14
가시 — 15
사랑 꽃 — 16
천둥소리 — 17
회개(悔改) — 18
사랑이란 — 20
내 눈에 보이는 당신은 — 21
내 마음은 더 아파서 — 22
주여 당신은 — 23
나의 피난처 — 24
대둔산 상봉 — 26
땅 끝 갈두에 가면 — 28
아름다운 사람 — 30
날마다 기도하며 — 31

제2부 생명의 길

초록 물결 —— 35
촛불 —— 36
하늘을 다시 날고 싶어라 —— 37
하늘이 말한다 —— 38
파도여 —— 40
생명의 길 —— 42
무화과(無花果) —— 43
독(항아리) —— 44
생동하는 봄의 기운이여 —— 46
가을 축제로 가는 길 —— 48
생명보다 귀하신 주 —— 50
신앙(信仰) —— 51
새벽을 기다리는 사람들 (1) —— 52
가을에 떠나는 여행 (1) —— 54
둘이 있어도 하나같은 너 —— 56
겨울에 피는 꽃 —— 58
상처(傷處) —— 59

제3부 산울림

산울림 ———— 63
내 고향은 수채화 ———— 64
나의 영혼 가득히 ———— 65
가을에 떠난 여행 (2) ———— 66
방황하는 그대에게 ———— 68
당신을 바라보면 ———— 70
그리움 ———— 72
내 영혼의 봄날이 되어 ———— 73
가을비 우산 속에 ———— 74
석양에 노을이 지기 전에 ———— 75
새벽을 기다리는 사람들 (2) ———— 76
가을은 깊어가고 ———— 78
그대에게 사랑이 있다면 ———— 79
성탄 단상(聖誕 斷想) ———— 80
겨울이 오는 길목에서 ———— 82
그게 어찌 미안 해 할 일인가요 ———— 84
함박눈 ———— 86

제4부 새벽이슬

밀물 — 89
가을 타 들어가는 낙엽 — 90
이 생명 바쳐 사랑하다 — 92
새벽이슬 — 94
비 내리는 날이면 — 95
전선의 밤은 기울고 — 96
황혼이 깊어 갈 때에 — 97
가을은 산을 넘어 온다 — 98
나 하얀 달로 그대 곁에 떠서 — 100
겨울이 오기 전에 — 102
그대에게 말하려 한다 — 104
나목(裸木) 아래서 — 105
방황하는 그대에게 (2) — 106
기뻐하세 구주 탄생 — 108
눈 내리는 밤의 비밀 — 110
휴전선의 밤 — 111
나목(裸木) 아래서 — 112

‖ **추천의 글** ‖ 송광택 교수, 한국교회독서문화연구회 대표 — 113
권태헌 장로, 수필가 — 115
‖ **해설** ‖ 리헌석/ 절실한 정서와 신앙의 신비 — 116

제1부

마르지 않는 샘

늘 기대어

늘 기대어
늘 기대어 간다.

구름은 하늘에 기대어 흘러가고
새들은 바람에 실려 가듯이
내 몸과 마음 내 영혼은 늘
십자가에 기대어 간다.

늘 기대어
늘 기대어 산다.

초롱꽃 산자락을 기대어 피어나고
새들이 하늘 높이 날아오르듯이
내 몸과 마음 내 영혼은 늘
여호와를 의지하고 산다.

영원히
영원히
늘 주를 의지하고 살리라.

마르지 않는 샘

자작나무 숲길
바람과 함께 거닐다
날마다 솟아나는 샘을 만났다.

맑은 물속을 들여다보니
청명 하늘이 그 속에 있고
흰 구름이 흐르고
바람도 멈추어 쉬는 샘

솟는 샘물을 들이켜니
하늘을 마셨고
구름을 마셨는데
머리부터 심장까지 흐르는 기운은
필시 샘물이 나를 마셨음이라.

마르지 않는 샘
날마다 올라오는 물은
목마른 사슴을 기다림이라.

가을이야

가을이야
곱게 물들어 가는
산과 들이
더덩실 춤을 추는
가을이야

사과 밭이
햇볕에 익어가고
벼 이삭은
모가지가 숙여지는
가을이야

춥지 않고
덥지도 않아서
살기 좋은 이 계절을

우리가 앞으로
몇 번이나
다시 볼 수 있을까….

그리움

내 영혼의
위대한 주여
그리워 뜬눈으로 울다가
밤새 서 있는 내 심령은
흑암(黑暗) 속에서
아침을 기다리는
소년 초병(哨兵)이어라.

내 마음에
향긋한 샘물이신 주여
갈하여 목이 다 타들도록
그리워서 넘어지는 내 마음은
메마른 골짜기 헤매다
쉴 만한 물, 샘을 찾는
어린 사슴이어라.

가시

아리고
쓰린 자리
가시 하나 박혔는데
달이 가고 해가 지나도
떼어 내지 못할
친구이다.

천방지축
철없이 뛰는 이
아주 넘어질까 싶어
이제 좀 근신하라고
좀 더 낮아지라고
하나님이 안겨준
선물이다.

사랑 꽃

가까이
다가갈수록
아름다워라.
오래오래
바라볼수록
사랑스러워라.

가끔씩
가시로 나를 찌르지만
다 나의 잘못이려니 하면
아프지가 않아

부디 오래오래
아프지 마라
시들지 마라
아직 피우지 못한 꿈
다 이룰 때까지
사랑으로 피어나는
소중한 꽃이어라.

천둥소리

하늘이 진동하고
잿빛 호랑이가 성이 났다.
우르르 쾅
으르르 쾅
하얀 이를 번뜩이며
괴성을 지른다.

개들이 허둥지둥
마루 밑으로 숨어들고
사람들은 옷 젖을까 봐
처마 밑에 숨었는데
이 몸은 어찌하여
숨을 곳이 없는가?

천둥은 가끔씩
잿빛 호랑이 울음을 운다.
으르렁 으르렁 쾅
애써 아니라 해도
이 몸을 쫓아다니는 걸 보니
내 죄가 심히 많은 것을
알았나 보다.

회개(悔改)

아침에 눈을 뜨면
두개골이 흔들리고
몸은 만신창이가 되었으니
헝클어진 일상들은 배배 꼬이고
시작도 끝도 알 수 없는
먹먹한 가슴앓이를 한다.
하루 이틀 사흘 나흘
…
자정이 지날 때까지
예배당 바닥에 엎드려
주님을 불렀다, 낮은 소리로
"주여 저의 죄를 용서하소서!"
…
얼마나 울었던가,
아이처럼 쓰러졌는데
불덩이 같은 것이 울컥하고
감정 저 깊은 바닥에서 올라와
수도가 열린 듯 입이 열렸다
내 입술이, 내가 알지 못하는 소리로
나의 죄를 줄줄이 토설하는데
어찌 그리도 많은지

남 보기가 부끄러워서
머리를 들 수 없어라.
…
"주여 저는 죄인입니다."

사랑이란

사랑
사랑이란
말로 다 하는 것 아니외다.
백 마디 말보다 더한 감동은
그대 눈빛에 있음이외다.

사랑이란
눈으로 다 보이는 것 아니외다.
천리 먼 길 떠나 있어도
마음은 늘
그대 지척에 있음이외다.

사랑
말로 다 형언할 수 없고
마음 다 보여줄 길 없으니
늘 가슴만 태우는
불이외다.

내 눈에 보이는 당신은

내 눈에 보이는
당신은
주의 보혈로
성결함을 받았으니
풀잎에 맺힌 이슬보다
더 순결하고
세상에 어떤 보배보다
소중한 사람

천하 만물을
지으신 주의 손길로
당신을 빚으셨으니
세상에 어떤 꽃보다
더 아름다운 사람

당신과 함께
같은 하늘 아래 살아서
행복합니다.

내 마음은 더 아파서

얘야

너의 눈에 이슬 맺히면
나의 마음엔 비가 내리고

너의 몸에 열이 오르면
나의 가슴은 다 타서
숯덩이가 되는구나.

얘야

너의 얼굴에 그늘이 지면
나의 마음엔 어둠이 내리고

네가 마음이 아파할 적엔
내 마음은 더 아파서

차라리 너의 길을 내가
대신 가고 싶구나.

주여 당신은

당신은
칠흑같이 어두운 밤에
샛별로 떠오르는
나의 설레임
나의 사랑이시네.

당신은
어두운 하늘에 흩뿌려진
수다한 별들 중에서 하나
나를 사로잡는
나의 큰 빛이시네.

당신은
푸른 초원에 흩날리는
진한 백합 내음
멀리서도 느낄 수 있는
나의 영원한 사랑이시네.

나의 피난처

하나님은
견고한 바위시요
나의 피난처이시니
사람들아, 언제든지 주님만 의지하고
그 분에게 마음을 털어 놓아라.

신분이 낮은 사람도
입김에 지나지 않고
신분이 높은 사람도
속임수에 지나지 아니하니
그들을 모두 다 저울에 놓아도
입김보다 가벼울 것이다.

억압하는 힘을 의지하지 말고
빼앗아서 무엇을 얻으려는
헛된 희망을 믿지 말며
재물이 늘더라도
거기에 마음을 두지 말아라.

하나님께서
한 마디 말씀 하시면

나는 두 가지를 배웠으니
권세는 하나님의 것이요
한결같은 사랑도
주의 것이라는 것을 알았노라.

주께서는 각 사람에게
행한 대로 갚아 주시나니.

대둔산 상봉

아침 이슬 젖은 숲속으로
능선이 몇이던가,
대둔산 오르는 오솔길에
바람은 길동무요
물소리는 말동무라.

바라볼수록 아름다운 기암은
하늘로 날아갈 태세이고
푸른 숲 깊은 계곡에선
산새 물새 모여서 합창하니
휘 리리리
휘 리리리….

마천대 휘감고 돌아서
정상에 올라서면
하늘 한 자락은 손에 잡힐 듯하고
구름 한 자락은 발에 닿을 듯하니
하늘나라 여기 아닌가 싶네.

내 가슴속까지 푸른 물이 들고
내 작은 옹달샘

두 줄기로 흐르는 뜨거운 눈물
오 나의 하나님,
당신이 이 강산을 빚으셨나이다.

땅 끝 갈두에 가면

해남을 따라 내려가
땅 끝 갈두에 서면
갈매기 떼는 물차고 오르고
어머니를 닮은 옥색 바다가
반색을 하며 반긴다.

땅 끝 갈두에 가면
흙을 빚어 사방에 흩뿌려 놓은 듯
작은 섬들이 바다에 떠있다.
만선에 꿈을 싣고 나는 배
하얀 포말을 가르며 오는 배
이래저래 포구는 종일 바쁘다.

태풍이 괴성을 지르며
老松 우거진 해안을 지나는 날엔
파도는 하얀 거품 물고 달려들고
섬 하나쯤 단숨에 삼킬 기세이니
성난 바다를 누가 동경할까?

그러나 나는 믿는다.
세월을 보낼 만치 보내고

다시 와 보아도
해변은 여전히 아늑하고
섬들은 그대로 아름다울 것이다.

아름다운 사람

바람의 언덕에
잡초처럼 살아도
꽃보다 아름다운 사람

거센 세파에 흔들리는
풀잎처럼 연해도
아주 넘어지지 않는 사람

맑은 물과 푸른 숲에
단풍처럼 화려하면서
결코 교만하지 않은 사람

마른 가지처럼 아팠을 때도
끝까지 포기하지 않고
눈꽃(雪花)되어 피어나는 사람

당신은 세상에서
가장 아름다운 사람.

날마다 기도하며

하나님
날마다 기도하며
주의 보좌로
나아가게 하소서

가난함을
나의 복으로 여기며
섬기는 것을
나의 즐거움으로 여기며
다른 이를 용서하고
사랑하는 마음이
변하지 않게 하소서

하나님
내가 고난 중에는
주님의 언약을
기억하게 하시고
내가 죄악 중에는
주의 십자가 앞으로
달려가게 하소서
아멘.

제2부

생명의 길

초록 물결

푸른 잎 사이로
향긋한 바람이 일고
이 산 저 산, 온 세상
초록 물결이 넘친다.

팔월의 열기
구부능선을 오를 때
허기진 계곡은
바람도 싱그러워라.

자작나무 숲에선
새들이 술래를 찾고
스쳐 지나가는 소슬바람에
떨어지는 물방울에
나의 마음도
초록 물이 든다.

촛불

우리들 희망을 위하여
오늘은 촛불을 밝히라.

바람이 일렁이면
고고한 춤을 추는 불꽃들이
어둠과 맞장 뜨는 용기를 보라.

넘어질 듯 다시 일어나고
꺼질 듯 흔들리다 다시 살아나는
화려한 율동을 보라.

제 몸은 녹아서
불꽃으로 살고
밤새 줄줄이 녹아내린 염원의 눈물
칠흑 천지도 지쳐서 물러가니

새벽 미명이 올 때까지
우리 희망을 위하여
오늘은 촛불을 밝히라.

하늘을 다시 날고 싶어라

미루나무
꼭대기에
가오리 연 하나가
걸려있네.

연줄을 끊고
떠나간 아이가
생각이 나서
상사병이 나네.

하늘을
다시 날고 싶어서
뱅뱅 뱅뱅
몸부림을 치네.

하늘이 말한다

하늘이 말한다.
한 없이 크고 아름다운 우주가
하나님 영광을 찬양한다.

날은 날에게 말하고
밤은 밤에게 전한다.

하늘에
언어도 없고 말씀도 없고
비록 그 소리가 들리지 않아도
진리는 온 땅에 가득하고
세계 끝까지 번져간다.

하나님이
하늘에 장막을 편다.
해는 사랑을 품은 신랑 같고
달리기 좋아하는 장사 같아서
세상을 향하여
사람을 향하여
한 없이 그 길을 달려간다.

해 뜨는 데부터
해 지는 곳까지
그 온기가 온 세계에 가득하고
그 따스함은 과함도 모자람도 없다.

* 시편19편을 묵상하면서

파도여

하얀 적삼 펄럭이며
달려드는 파도여
투박한 바위 절벽에
몸 던진 투항이라.

차라리 그대 위하여
산산이 부서지고
흠뻑 젖은 눈물이 되어
바위를 녹이는 열정이라.

기세당당한 파도여
부서져서 물거품이 되어도
떠날 수 없는 미련 있더냐?
돌아서서 맴도는 파도여
너는 겹겹이 밀려오는 정표로다.

어느덧 하얀 달은 중천에 걸리고
별빛은 새벽녘으로 흐르는데
밤새 해변을 울리다가
목 메인 애절한 소리여
몇 날을 울어 봐도

약속한 바위는 대답이 없고
달려드는 파도만
시퍼런 멍이 들었구나.

생명의 길

주를 보았다.
물이 그 권능 앞에서
두려워하고
홍해 그 깊은 바다가
주 앞에서 떨고 있다.

폭우가 내리고
우레와 번개 굴리는 소리와
회오리바람에 천둥이 운다.
주의 화살이 날아가고
땅의 기반이 흔들린다.

생명의 길
그 길이 바다에 있고
주의 길이 큰 물속에 있었으나
주의 발자취를 측량할 수 없다.

여호와는
나의 참 목자시니
주의 백성을 양 떼 같이 모으시고
오늘도 영광 중에 인도하소서.

무화과(無花果)

하늘 우러러
곧추선 과일들이
맑고 밝은 가을 정원에
분단장이 한창이라.

무화과(無花果)
과일 아닌데 과일로 들고
꽃인데 무화라 이름 하였으니
깊고 깊어라, 그들의 신비한 세계
바라볼수록 속으로 더 아름답고
익을수록 모양보다 맛이 더 일품이니
가슴에 그려 본다, 큰 별 하나.

가시나무, 엉겅퀴
빼곡히 둘러선 하늘정원에서
오늘도 쉼 없이 익어간다,
붉은 꿀 송이들이.

독(항아리)

어제는
항아리 깨지는 소리를 들었다네.
장독대 한 가운데 큰 항아리가
어제는 큰소리를 지르며
무너져 내렸네.

언제나
듬직한 몸짓으로
큰 그림자를 거느렸는데
작은 아이들 쉼터였는데
이제 사라져 가려하네.

어제는
믿음이 무너져 내리는 소리를 들었네.
아름다운 환상은 깨지고
더러운 욕망이 그 속에 있었는데
아이들은 깔깔대고 신났네.

심히 두려운 것은
아직도 장독대 가장 자리에
오롯이 남아있는 작은 독안에

비수를 품은 원망들이
가득해서 넘치려고 한다.

생동하는 봄의 기운이여

생명을 낳는 봄의 기운이여
땅속 깊음 속에서 일어나
하늘 높은 곳까지
솟구쳐 분출되는 희망이여

춘설을 녹이고 올라와
손짓하는 여린 풀잎으로
초록빛 꿈으로 피어나서
아롱다롱 매달린 큰 과목이요
끈질긴 희망의 덫줄이여

봄의 아지라이한* 열정이여
너 생명을 소생케 하는
창조주의 신바람이여.
세상을 휘감고 도는 바람이여
고통의 나날을 곱씹으며
기약 없는 세월을 보내고 있는
저 무수한 병상위로 지나소서.

생동하는 봄의 기운이여
메마른 가지에 새 살이요

깊은 눈물샘은 뜨겁게 하소서.

생동하는 봄의 여운이여
너 생명의 원천이여
따스한 아침 쏟아지는 햇살처럼
날씬한 사슴 발걸음 되어
푸른 초원을 달리소서.
죽어가던 영혼들이 살아나도록….

* 아지라이 - '아지랑이'의 방언.
* 관형사형으로 활용하여 '아지라이한'으로 씀.

가을 축제로 가는 길

가을 산하(山河)는 온통
화려한 축제로 가는 길

울긋불긋
담쟁이 풀 늘어지고
알록달록
고운 꽃비 내리는
원색의 단풍 숲길로
마음은 몸보다
저만치 앞서 달린다.

맑고 푸른
하늘에 솔개가 날고
넉넉한 자연의 품으로 들어가는
만추(晩秋)의 순례자들
먼 산길 휘감아 돌아가면
은행잎이 쏟아지네,
황홀한 낙엽 세례.

붉은 노을이
잔잔한 호수위에 내리면

사공은 오는 님을 위하여
은비늘 일렁이는 강물 위에
홍엽편주(紅葉片舟)를 띄운다.

생명보다 귀하신 주

주님 조용히 다가서실 때
그 사랑을 알지 못하고
주의 함성 깊은 밤을 깨울 때에도
무심코 지나친 세월이 아득하니
나는 목석이요 금수였나요.

주님 나를 사랑하사
물과 피를 쏟으시면서
엘리 엘리 라마 사박다니
갈보리산울림….

주님 ! 그 날을 묵상하면
나의 마음은 얼어서 천정에 붙고
나의 심장은 녹아서
당신 발등상 아래 넘어지오니

생명보다 귀하신 분
목숨보다 귀하신 나의 주!
이제 당신의 모습 가슴에 품고
분부하신 사명 따라 살다가
이 영혼 부르시는 날엔
당신 곁으로 나아가렵니다.

신앙(信仰)

검은 흙 한 덩이
연탄아궁이로
고이 들어갑니다.

당신의 숨
맹렬한 불꽃이
스물두 개 숨구멍으로
타고 올라 올 때에

나는 타는 불꽃
아랫목 구들장 온기가 되고
가마솥 밥 짓는 열기가 되고
전어 석쇠를 뒤집는 냄새
작은 행복입니다.

타다가 다 타면
영혼은 파란 나비처럼 날고
몸은 하얀 재가 되어서
눈 오는 날 언덕길 위에
잘게 부서지게 하소서.

새벽을 기다리는 사람들 (1)

훈훈한 낮의 열기
아직 남았는데
석양은 재 너머 산으로
미련 없이 숨어든다.

때를 기다렸다는 듯이
온 누리에 어둠은 자리를 펴고
별들은 시샘하듯 반짝이고
늦가을 찬 서리에 희미한 불빛들
어느 것 하나 여의치 못한 무대에서
풀벌레 청아한 합창은
밤이 깊도록 쉼이 없다.

지친 영혼 상한 몸이
가쁜 숨 몰아쉬며
미로를 돌고 돌아 와
어디든 좋으니
시린 발 좀 들여놓고
찬 서리만 피하자고 한다 .

무거운 짐 어깨 짓눌러도
하늘 아래 어디에도 쉴 곳이 없으니
길 잃은 눈빛이 너무 애처로워
보듬어주고 싶다.

가을에 떠나는 여행 (1)

새벽어둠이 떠나고
상큼한 아침이 얼굴 스칠 때
내 마음은 벌써 파란 하늘을 간다.
이슬이 촉촉한 산길
낙엽이 두텁게 쌓인 길을 서걱서걱 밟으며
사랑하는 딸의 손잡고 여행을 떠난다.

하얀 아침햇살은
늘어진 버들가지 위에 쏟아지고
한잎 두잎 곱게 채색된 단풍이
재 멋대로 생겼는데 미운 것 없어라.
울긋불긋 눈부시도록 고운 옷
구부러지고 쪼그라진 잎새 하나도
거기에 있어서 참 곱다.

높은 산 긴 허리를
휘감고 돌아가는 물줄기는
작은 호수에 와서 숨 고르는데
파란 하늘이 그 호수에 내려와 누웠다.
고운 손을 푸른 물속에 담가 놓고
환하게 피어나는 딸의 미소

단풍보다 더 아름답고
초롱한 눈빛은 하늘보다 시원하다.

능선을 오르다 힘겨워
바위에 나란히 앉으니
하늘을 향해 치솟은 늙은 소나무
거친 바람에도 위풍이 당당하고
낙엽이 지는 가을에도 쓸쓸하지 않아
찾는 이가 없어도 외로움 없어라.

둘이 있어도 하나같은 너

둘이 있어도 하나같은 너
둘은 평생을 같이 살았으니
둘은 하나인 줄 안다.
당연히 맞닿아 앉아
양말을 서로 바꿔 신어도
흉 아니 됨은 꼭 닮았음이라.

산행 길에도
앞서거니 뒤서거니
물집 터지고 퉁퉁 부어도
어느 쪽 하나 투정이 없다.
둘은 하나가 아니건만 하나였다.
소중함을 망각하고 살다가
하나 잃은 다음에야 비로소
그 자리 왜 그리 넓은지
메울 길 없어라.

어스름 달빛은 자정으로 기울고
시름시름 그리움 달래다가
곤한 꿈속을 여행한다.
봄, 여름, 가을, 겨울을 지나

철따라 피고 지는 기화요초
어찌 그리 화사한지
이길 끝자락에는
잃어버렸던 꿈 하나가
하얀 웃음을 가득 안고
내게로 한 걸음씩 다가온다.

겨울에 피는 꽃

다도해 푸른 섬
물길 삼백 리
겨울에도 피는 꽃 있으니
동백(冬柏)이란다.

동지섣달 긴긴 밤
백설(白雪) 너울이 드리울 적에
삭풍은 숲길로 울고 가고
하얀 달빛은 가지에 걸려
투두 둑 툭 떨어진다.

모진 해풍(海風) 불어도
만고풍상(萬古風霜)에
창창(蒼蒼)히 버티고 선 고목들아
꿋꿋한 너의 위엄을 늘 보여 주오
열꽃 같은 봉오리 가지마다 만개하면
곱다한 꽃잎 아름아름 모아 놓고
너의 용기에 찬사를 보내리라.

봄이 올 때 까지….

상처(傷處)

나무 마다
큰 옹이 몇 개 있듯이
사람들은 저마다
상처가 있다

뿌리가 깊고
오래 된 것은
작은 바람에도 시리고
작은 소리에도 아파서
눈물이 난다

오 나의 하나님
상처가 다 나을 때 까지
어루만져 주소서
기름을 부으시고
싸매어 주소서

상한 갈대입니다.

제3부

산울림

산울림

유월이 오면
물소리 새소리 바람소리
전사들의 넋을 기리며
산은 늘 울음을 운다.

바람도 쉬 넘어가고
구름도 한가히 흘러가는데
조국강산은 반백년을
답답한 가슴 쓸어내리며
유월의 울음을 운다.

남북으로 뻗어 내린 명산
고을고을 사무친 소원이
골짜기마다 아로새길 만감(萬感)인데
달이 차고 해가 기울어도
다 부르지 못할
대한의 애가(哀歌)여!

그 날을 못 잊어서
강산을 맴도는
산울림이 되고 싶다.

내 고향은 수채화

초겨울 허기진 바람
솔밭을 쓸어 가면
이름 모를 철새 노송(老松)에 올라 앉아
추억 노래 구슬파라.

과원엔 복사 꽃 흐드러지고
고을고을 숨 고르던 봄나물들
굽은 허리 펴고 나면
보송보송 털 덮인 실버들 아래
잉어 떼들 신났어라.

노을이 타는 서산 위로 솔개 날면
길다란 장대 들고 해를 쫓던 동무들
지금은 간 데 없고 그리움만 더 하구나.
백발(白髮) 노인만 홀로 남아
눈물강에 발 담그니
수심(愁心)만 깊어진다.

지그시 눈 감으면 가고픈
내 고향은 수채화.

나의 영혼 가득히

나의 마음
나의 영혼 가득히
옥색 잔잔한 호수가 있다.

나의 영혼 가득히
차서 넘치는 물결위로
황금빛 아침햇살이 쏟아지면
유유히 흐르는 수면 위에
신은 아름다운 물보라를 그린다.

때로는 풍랑이 일면
호수는 창자 속까지 뒤집히고
환상은 사라진다.
하지만 바람은 지나가는 것
모든 것은 다시 평화를 찾고
고요히 가라앉은 마음 끝자락에
오롯이 남아있는 것은
당신을 바라는 믿음이다.

가을에 떠난 여행 (2)

억새풀 언덕을 오르니
늙은 소나무가 반긴다.
사람들이 둘러앉아서
시름을 달랜다.
썩어 냄새나고 비뚤어진 세상
솔가지처럼 무성한 소문을
도시락처럼 벌여놓고
실랑이가 벌어진다.

붉은 저녁노을이 드리울 때
임자 잃은 정자 위로 저녁까치 날고
황혼이 내려와 깊은 계곡을 품는데
경관은 일품이고 해가 기운다.

서늘한 바람이 옷깃에 파고드니
칡차 향 그윽한 온돌방이 그리워라.
넉살 좋은 노인에게 잡혀갔는데
촌노의 이야기로 밤이 기울고
하얀 달은 지붕위서 미끄럼을 탄다.

이른 아침 마루 끝에 앉아

신발 끈을 고쳐 잡는데
단감 연시 한 자루씩 챙겨준
노인의 투박한 얼굴이
하늘처럼 넓다.

방황하는 그대에게

이른 봄
연분홍 꿈을 꾸며
몸단장 고쳐하고
바람 지나듯 물 흐르듯
새털구름 떠가듯이
소리 없이 왔다 가는 세월이
아쉬움만 큰 추억이라.

지난 세월의 무게는
얼마나 되었을까
손꼽아 볼 겨를도 없이
급히 달려 온 길
시간을 붙잡고
달아나는 그대들은
서글픈 방랑자라.

진미 성찬을 받아도
허기진 배는 여전하고
솜사탕처럼 달콤한 사랑을 해도
허공에 뜬 마음 여전하고
화로에 둘러앉아도 시린 가슴

밤새 권주가로 달래보아도
그 위로 혼란한 밤은 기운다.

방황하는 그대여
어디서 바람같이 왔는가?
하늘 울리는 하얀 음률을 타는가?
누구를 위하여 정신없이 사는가?
무엇을 찾아 그리 방황하는가?
이생이 다하면 무거운 짐 내려놓고
돌아갈 본향을 아는가?

당신을 바라보면

푸른 산이 휘어져
내려앉는 고향산천
옛 친구는 가고 없는데
산 그림자 드리운 푸른 언덕에
보고 다시 보아도
둘도 없이 다정한 모습

호젓한 산기슭에
나란히 누운 무덤
살아서 맺은 정
죽어서 이루었더냐!
마주보며 하는 말
당신을 바라보면
닮아도 꼭 닮은
영원한 분신(分身)이구나.

황혼이 서산에 지면
팔 벌려 마주 닿는 곳에
앞서고 뒤에 가서 누워서
밤새 별을 헤아리다
정다워서 마주 하는 말

당신을 바라보면
죽어서도 아주 닮은
영원한 동반자(同伴者)여라.

그리움

삼동을 지나오면
산하는 깊은 잠이 든다.
눈 무더기 겹겹이 덮어쓰고
산은 밤낮으로 잔다.

장군의 다리통 같은 물줄기
곤두박질하던 폭포는 멈추어 서고
수면 위에서 우아한 춤을 추던
물안개는 간데없어라.

먼 산을 호젓이 바라보니
높 구름은 유유히 흘러가고
청아한 산새소리
그리운 님의 노래 소리
산울림만
외로이 산을 넘는다.

내 영혼의 봄날이 되어

새벽에 찬란한 여명
하늘 가득히 흩어지면
내 영혼은 기나긴 잠에서
깨어난다.

질식할 번했던 어두움
지독한 질려와 형극의 세월 뒤안길로
고통의 그림자 서서히 사라지고
온 누리에 현란한 아침햇살
여느 빛보다 더 밝고 따스하여
내 마음에 쏟아진다.

동녘 하늘은 봄의 열기로
곱디곱게 달아오르고
내 영혼 아침이슬에
젖은 풀잎처럼 흠뻑 젖어들고
이제
내 영혼에 봄날이 왔으니
종달새 노래 소리 홍겨워라.

가을비 우산 속에

가을비 우산 속에
숨은 모정이여
자식 옷 젖을라,
우산 다 내주고
당신 옷은 흠뻑 젖어서
젖어서 가슴으로 흐르는 빗물은
따뜻한 눈물
마음의 강물.

세월은 바람처럼 달아나
내 나이 중년이라
노모를 등에 뫼시고 창밖을 보니
고향 산천이 눈앞에 다가선다.
오늘도 앞산 언덕에 오르면
여전히 가슴으로 흐르는 빗물은
그리운 당신의 눈물
사랑의 샘.

가을비 우산 속에
추억은 아득한데
항상 낮은 데로만 흐르는 빗물은
어머니의 정(情).

석양 노을이 지기 전에

사랑하는 이여
석양 노을이 지기 전에
서둘러 돌아갈
채비를 하시라.

노을은 지기 전에
홍학이 날개 펴듯
하늘이 변하고
용광로처럼 하늘이 물들면
석양 노을이 지기 전에
집으로 돌아갈 준비를 하시라.

사랑하는 이여
누구나 때가 되면
떠나야 하고
살만치 살았으면 가는 길인데
타다 남은 불꽃같은
미련 때문에
땅거미 오는 걸 잊지 말게나.

새벽을 기다리는 사람들 (2)

억지 잠을 뒤척이는
행상의 그림자도 서러워라.
쑤시고 결리고 조각 잠을 뒤척이다
깨어보니 따끈한 국밥 한 사발이 행복이라.
밤 기차는 이렇게 새벽 손님들을 태우고
긴 터널을 빠져 나왔다.

험산 준령 넘는다,
심산계곡 돌아간다,
쉼 없이 오고 가는 나그네들
새벽을 기다리는 나라를 찾아서
험한 길을 재촉한다.
검푸른 하늘이 열리고
예배당 종소리가 아련히 들려오면
기나긴 밤과 이별을 할 시간이다.

어지신 하나님은
은총을 아끼지 아니하고
새벽이슬처럼 하늘에 뿌리신다.
움푹 패인 어미의 눈에도
뽀송하게 젖 먹는 아이의 두 뺨에도

따스한 기운이 촛농처럼 흐른다.
얼마나 기다렸던가, 이 순간을
동창에 벅찬 감동의 무대가 막이 오를 때
새벽을 기다리는 사람들은
멋진 전사처럼 꿈을 거느리고
해 뜨는 산을 향하여 달린다.

가을은 깊어가고

국화 향 가득한 서재에
호롱 하나 걸어두고
잔잔한 찬양이 울리면
황혼이 창가에 내려와
벗을 하자고 한다

화사하고
아름다운 강산
님은 곱상한 손끝으로
가을 산을 그리다
밤은 깊어가고
달이 기운다.

예배당 종소리에
새벽이 열리고
연시감 살찌우는 붉은 햇살이
황금 들녘에 쏟아질 즈음
친구의 손을 맞잡고 산에 올라
아름다운 가을을
그려 보고 싶다.

그대에게 사랑이 있다면

그대에게 사랑이 있다면
하얀 병동 모퉁이
아름다운 꽃들이
조각처럼 얼어붙어
서 있는 모습을 보라.

그대에게 사랑이 있다면
하늘 별빛이
절반쯤 타다 남아서
창가에 서성이는 밤에도
아름답게 피어나려고
실낱같은 희망을 염원하는
영혼들을 바라보라.

그대에게 사랑이 있다면
자욱한 안개 속에서
아름다운 꽃 피어내려고
십자가 붙들고
피 같은 눈물로 흘리는
젊은 심장들을 보라.

성탄 단상(聖誕斷想)

하늘이 열린 날
천상의 곡조 온 세상 가득한 날
고요히 눈 쌓이는 하얀 밤에
성자는 육신을 입으셨네.

베들레헴 에브라다
하늘엔 천사 찬송 울려 퍼지고
허름한 객사(客舍)는 방이 없어
임마누엘 세상에 오신 주
구유 안에 누이셨네.

이제도
사람들은 눈이 멀어
높은 곳으로만 향하고
철없는 젊은이
탐욕스런 늙은이
오는 길 다르고 가는 길 달라도
누구나 끝자락은 하나인 것을

오!
나의 주 나의 하나님

이 비천한 자가 무엇이기에
하늘 보좌에서 오셨나요.

겨울이 오는 길목에서

늦가을 빛바랜 군상들은
화려했던 옷을 벗고
싸늘한 바람에 떠밀려
회색거리로 들어간다.

육체는 고달파
길 위에서 서성이고
영혼은 지쳐서
찬 서리 꽁꽁 얼어붙은
황량한 들판을 헤맬 때
매서운 광풍에 마음이 시려라.

얼어붙은 계곡으로
언제나 길고 긴 시간이 흐르고
잠잠히 계절에 순응하는 법
터득해야 한다.
하지만 봄이 오면
눈은 녹아서 시내로 흐르며
대지 위에 새싹 돋아나고
꽃봉오리는 향기 토하여
온 세상에 진동할 것이니

그 즐거움은 슬픔을 삼켜버리고
그 찬송은 근심을 대신하리라

친구여
이 겨울이 오는 길목에서
나는 너를 기다리려 한다.

그게 어찌 미안 해 할 일인가요

이웃에 사는
어르신이 요즘 들어
미안하다는
말을 자주 한다

눈이 잘 보이지 않아
귀도 잘 들리지 않아
온 몸이 병들어
거동하기 어려워서
젊은 사람 신세를 져야하니
참 미안하다고 한다

마음은 앞에 달려가는데
몸은 따라가지 못하니
늘 뒤에 처지고 늦어서
미안하다고 한다.

세월이 가면
풀은 마르고
꽃은 시드는 것처럼
인생은 누구나 다 그리 될 것을

그게 어찌
어르신이
미안 해 할 일인가….

함박눈

초승 달 여린 눈빛
구름 뒤로 숨을 적에
저녁 밥 짓는 연기
굴뚝 타고 올라간다.

하늘이 내려앉았을까
펑펑 쏟아지는
함박눈

탐스럽게 쏟아져
눈꽃 만개하였으니
왕 소나무 휘어진 가지에
내 하얀 꿈도
올려 볼까.

누구인가, 고얀 님
내 윗저고리 속살까지
눈덩이를 쏟아 넣는구나.
화들짝 놀라 돌아보니
휘어진 왕 소나무 가지
시침 떼고 서성이네.

제4부

새벽이슬

밀물

푸른 수병들
흰 깃발을 세우고
밀려, 밀려, 밀려온다.

왕중의 왕이여
태고적 노아의 神이
궁창(穹蒼)을 호령하고
노도광풍 거느렸느니
감히 대항할 자가 없구나.

광활한 갯벌은
시시때때로 내어주고
초병(哨兵) 갯바위는 물속에 투항이라
굴 따던 아낙들 벗은 발로 쫓겨나고
그물 깁던 어부들은
허둥지둥 달아나네.

철썩 철썩 철썩 구령소리에
통통배 한두 척 외로이 남아
목매달고 우는구나.

가을 타 들어가는 낙엽

가을 낙엽 타는 소리에
슬픈 일인지 기쁜 일인지
촌부는 눈물을 훔쳐댄다.

매서운 연기는
어린 누이와 장난치다
바람을 타고 사라지고
잔불만 남은 자리에
화려한 가을은 밤을 지새운다.

영욕의 세월이 다 타고
한 줌 재로 남아
시커멓게 늘어진 걸 보니
마음이 시리다.
추수 때에 온다 하던
이들은 소식이 없고
부엉새 우는 소리만 구슬프고
달빛만 유유히 새벽으로 흐른다.

이른 아침을 먹고
재가 된 가을은 수레에 실려

산 너머 긴 밭으로 올라가
이랑과 고랑을 타고 넘으며
골고루 뿌려지고
검은 재 떨어 진 곳에
어린 싹이 벌써 머리를 든다.

희망은 이미 거기에 있고
아침 햇살 쏟아질 때
은빛 천사들 유희를 보니
희망의 찬가 온 들에 가득하다.

이 생명 바쳐 사랑하다

푸른 초원을 뛰노는 양떼들
흐르는 물소리에 노래가 나고
쏟아지는 아침 햇살에
기화요초 만개하였으니
가장 중앙에 하얀 집 지어놓고
사랑하는 주님을 모시고 싶습니다.

절망에 빠져
헤어나지 못하던 나를
상한 마음 병든 몸
빛을 잃은 어두운 내 영혼
위로하며 사랑하면서
하늘 가득한 별들의 수효보다
더 많은 시간을
함께 보내자고 약속하시던
위대한 당신,
혹여 마음이 변하여
수심으로 가득 차면
당신을 바라보는 두 눈에
속절없는 눈물이 흐릅니다.

주님을 만난 나의 삶이
결코 후회가 없음은
이 생명 바쳐서 사랑하다가
당신 곁으로 가려 함입니다.

새벽이슬

싱그러운 바람을 벗 삼아
이른 새벽에
길을 나서는데
가로수 잎 새마다
밤 새 내린 이슬이
송알송알 맺혔다.

부지런한 새들이
푸드덕 홰를 치면
미루나무 휘늘어진 가지마다
진주만한 물방울이
또그르르 떨어진다.

목마른 대지는
이슬비에 젖어가고
무수한 생명들이 깨어난다,
오늘도 어제처럼.

비 내리는 날이면

비 내리는 날이면
옷만 젖어야 하는데
마음까지 우수에 젖어든다.

송알송알
창가에 맺힌 빗방울이
어머님 까칠한 손등에 떨어진
눈물을 닮았기 때문이다.

비 내리는 날이면
강물이 넘쳐야 하는데
마음까지 넉넉하고 넘친다.

하늘 아래
산과 들녘을 다 돌아서
유유히 흐르는 강물이
아버님 가슴에 드넓은 강으로 흐르는
큰 사랑을 닮았기 때문이다.

전선의 밤은 기울고

긴 밤 다 가도록
침묵의 강 흐르고
초저녁부터 새벽까지
초병(哨兵)의 눈에 아른거리는
나의 슬픈 조국이여!

수십 년 얼어붙은 강이
얼굴 맞대고 회동하고
해빙의 바람 청산에 불어온다 하건만
밤은 깊은 수렁에서 헤어나지 못하고
이슬 젖은 풀벌레만 한이 맺혀
목이 매어 훤화(喧譁)하네.

갈밭 사이로 스치는 바람소리
흑암(黑暗)이 도망치는 소리
평화가 찾아오는 소리
천사가 오는 소리
전선의 밤은 새벽으로 기울고
밤새 강산을 지키다 지쳐서
하나 둘 떨어지는 별똥은
쉼 없는 낙화(落花)로다.

황혼이 깊어 갈 때에

늦은 가을 언덕 위로
해는 기울고
흩날리는 잎새 한 아름
가슴에 쓸어안았는데
생명은 다 빠져나가고
허울만 남았다.

황혼이 밀려와
하루의 요동을 점령하고
밤의 본성 여지없이 드러내니
나의 영혼 나의 꿈
별빛 속으로 달려간다.

불타는 하늘
천성을 향한 염원의 기도
평안히 일어서는 영혼
이 땅에 나서
오늘까지 살았어도
황혼이 깊어 갈 때에
애잔한 그리움이로다.

가을은 산을 넘어온다

가을은 높은 산을 넘어온다.
오색 물감 통 짊어진
신비로운 화가를 수레에 태우고
능선에서 내려와
깊은 골짜기를 곱게 물들인다.

가을은 세월을 벗 삼아 온다.
천년 세월을 짊어진 기암괴석들이
하늘 높이 위엄을 자랑하는데
단풍은 심산계곡을 물들이면
이름 모를 산새들도 신이 나고
암울한 시절 시린 가슴들이
아로새긴 추억이 깨어난다.

가을은 오솔길을 따라서
구비 구비 돌아서 내려온다.
노송의 뒷자락으로 돌아간 해가
서산에 걸릴 즈음에
곱디고운 노을을 타고서
가을은 붉은 하늘을 물들인다.

국화 향 가득한 밤
호롱 등불 걸어두고.
잔잔한 노래 흐르는 창가에
황혼이 시샘을 하나
내일은 더 높은 산에 올라
더 아름다운 단풍으로
저 산들을 그려 볼 셈이다.

나 하얀 달로 그대 곁에 떠서

거칠고 험한 세상
푸른 별빛 한 줄기
들내지도 않고 모나지도 않고
하늘 한 쪽에 심기어져
새벽이 되면 모습을 드러내는
아련한 그리움.

때로는 구름에 가려
때로는 달빛에 눈부셔서
비켜 서 있지만
너를 믿는 이들에 대한
무언의 약속 지키려고
새벽엔 여전히 그 자리에서
활짝 웃는 얼굴빛이 반가와라.

별아, 푸른 별아
춘삼월 포근한 밤에는
푸른 빛도 좋았다.
하지만 동지섣달 긴긴 밤을
파랗게 떨고 있는 별아
나 하얀 달로 그대 곁에 떠서

온 하늘 가득한 사랑으로 -
포근한 가슴으로 품어 주려한다.
따뜻한 달빛이 되려고 한다.

겨울이 오기 전에

서릿발 서는 뒷산 날망에
스산한 바람이 일면
갈대밭 하얀 물결 위로
놀란 꿩들이 푸드덕 날아오르고
가랑잎 한 지게를 거둬다가
아궁이에 밀어 넣으면
긴 한숨은 목에 걸리고
눈물이 옷깃에 떨어져 뒹군다.

찬 겨울은 언제나
가난한 창가로 먼저 온다.
수레를 끄는 짐꾼들이
끈질긴 사연을 싣고
가파른 고개턱을 넘을 적에
코끝은 시리고 시렸다.
계절과 이별은 언제나 아쉽다.
석양에 기우는 해는 빛을 잃고
굴뚝으로 솟아오른 연기에
붉은 노을만 짙어간다.

우리가 같은 하늘 아래 살건만
어떤 이는 더워 죽고. 추워 죽고
너무 먹어서 죽고. 굶어서 죽으니
이 어긋난 궤도를 돌려줄 자 없을까?

따뜻한 정, 훈훈한 사랑
어디로 숨었을까
길고 험한 계절에
사랑의 불씨 여전히 밝혀 놓고
도란도란 모여 앉아 기도하는 곳
내일을 꿈꿀 수 있는 곳으로
친구여, 너의 손을 잡고
달려가려 한다,
겨울이 오기 전에.

그대에게 말하려 한다

옥색 하늘 날면서
찬란한 꿈을 꾸던 사람들
어쩌다 날개 하나 부러지고
고개 숙인 영혼들이여
거리에 방황하는 바람처럼
흩날리는 아픔을 안고
오열하는 그대들
눈물이 강을 이루네.

햇살이 동산 위에 빛이 나고
상한 마음 치유되어라.
사랑하는 친구여,
그대의 날개가 그리스도라면
대양을 가로질러 날면서
희망의 찬가 부를 수 있는데
그대에게 말하려 한다.
당신의 영혼을 사랑하노라.

* 노숙하는 친구를 위해 기도하면서

나목(裸木) 아래서

매서운 겨울이 오면
가로에 도열하는 벌거숭이들
하늘 향하여 함성 지르니
그 위풍당당함에
날던 솔개 놀랐구나.

봄, 여름, 그리고 가을
덧없는 세월이 회전목마를 타고 떠나면
원색 화려했든 무대를 내 와
아스팔트에 뒹구는 추억들
주섬주섬 아이들 책갈피에 접어들었다.

관객 없는 황량한 거리엔
훌훌 벗은 나목이 줄지어 서서
청초한 가지 서로 부여잡고
북풍한설을 맞아 싸우려 한다.

겨울이 물러 설 때까지….

방황하는 그대에게 (2)

야속한 세월은
유유히 흘러가고
봄 여름 가을 지나고 나면
그대 어느 산자락에 묻혀서
하얀 눈 덮어쓰고
깨지 못할 겨울잠에
빠져 들어 가려나.

사랑하는 그대여
이제 방황의 길 끝내고
감 익는 고향으로 내려가서
촌노의 손에서 곱게 태어나는
곶감의 속살처럼
껍데기 훌훌 벗어 버리고
새 옷을 입으렴.

찬 서리 내리고
곶감 옷 뽀얗게 입을 즈음엔
달콤한 향기로 꽃단장하고
그대를 위해서 목메고 있던
진한 기다림을 찾아서

사람들이 가보지 않은 길을
함께 달리자구나.

기뻐하세 구주 탄생

— 성탄 축시

천년 세월 거듭하여
오랜 기다림

하나님의 크신 언약
비로소 이루시는 날이라
공중엔 천사 찬양 울리고
하늘엔 영롱한 별들의 축제
구름 속 휘감아 쏟아지는 광채는
그 속에 천사가 만만일세.

베들레헴 깨우는
아기 성자 울음소리
사악한 죄인들 무거운 짐 담당하시려
배은망덕한 세상 오셔서
뼈아픈 외침이신가?

하늘 영광 친히 오셔서
구유에 누우신 주여 !

오 ! 당신은
육체 속에 감추인 하나님이시오,

자비와 사랑 가득한 나의 구세주
작지 아니하다, 베들레헴이여
무리들 다 모여 찬양일세!

눈 내리는 밤의 비밀

중천에 큰달 걸어놓고
밤새 내린 하얀 솜이불
온 산하를 포근히 감싸 안으니
보시에 좋아서 맴돌다가
눈 덮인 새벽길을 떠난 당신이여

가난한 영혼
거리에 떠도는 허기진 사람들
큰 이불 아래 포근히 묻어두고
눈물 울컥 쏟아질까 봐
이른 새벽에 떠난 당신이여

심술궂은 강아지
질경질경 밟고 가는데
철없는 아이들은 그 위에 뒹굴고,
그리할지라도 괜찮다 하시며
돌아서서 눈물 흘리다가
얼어 붙어버린 수정조각들
그 샛길을, 이른 새벽에
고요히 떠난 당신이여.

휴전선의 밤

깊은 밤 재 너머
침묵의 세월 흐르고
초저녁부터 새벽녘까지
초병(哨兵)의 눈에 아른거리는
나의 슬픈 조국이여

바람도 구름도 자유로이 오가는데
어찌 내 조국 형제들은
휴전선 높은 철조망을 바라보며
반백년 세월 가슴앓이만 해야 하는가?

금수강산
아름다운 땅에
평화는 언제나 오려는지
풀벌레는 밤새 목 놓아 울고
이등병 황소 눈은
향수에 젖는구나.

나목(裸木) 아래서

찬바람 부는 날
가녀린 줄기로 살아서
하늘 향하여 함성 지르니
위풍당당한 그대들 외침에
하늘이 더 푸르구나.

봄 여름 가을
무심한 세월은
홀연히 목마처럼 달아나고
원색의 화려했던 무대가 덧없어라.

바스락 소리에도
나뒹구는 추억들을
주섬주섬 호주머니에 집어넣고
황량한 거리에
훌훌 벗은 나목이 되어
청초한 가지 서로 부여잡고
북풍한설을 맞서 싸우려한다

겨울이 물러 설 때까지.

| 추천의 글 |

송 광 택 교수, 한국교회독서문화연구회 대표

시인은 사냥꾼이다. 언어의 사냥꾼, 감성의 사냥꾼이다. 그의 영혼은 늘 깨어있고 그의 촉감은 섬세하다. 서민기 시인은 마음의 촉수를 통해 사물을 향해 다가간다. 하늘과 땅, 그리고 그 가운데 있는 사물들에게 말을 건다. 그는 살생의 활을 쏘는 이가 아니다. 오히려 죽어가는 사물에 생기를 불어넣기 위해 언어를 사냥하는 시인이다.

시인은 물음을 던지는 질문자다. '절문이근사'(切問而近思)라는 말이 있다. "간절하게 묻고 주위에서 흔히 보고 들을 수 있는 실생활에 가까운 것들을 살펴보라"는 것이다. 근사(近思)란 높고 먼 고차원적인 생각이 아니라 가까이 있는 것에서 생각의 실마리를 풀어가는 것을 말한다.

먼저는 간절하게 묻는 것이다. 서 시인은 간절하게 묻는다. 답이 없는 물음이 될지도 모른다. 그러나 포기하지 않는다. 귀로 듣던 것을 눈으로 볼 때까지 묻는다. 종교학자 배철현 교수는 말한다. "삶에 대한 질문을 끝없이 발굴하고 그 질문을 인내를 가지고" 품고 가라고.

시인은 보고 또 보는 사람이다. 봄(sight)을 통해 통찰

(insight)에 이르고자 하는 이다. 요셉 피퍼는 말하기를 "철학자와 시인의 비슷한 점은 둘 다 경이로운 것, 경이할만한 것, 경이를 환기시키는 것을 취급한다는 것이다."라고 했다. 시인은 이전에 그 누구도 보지 못한 것을 보게 만드는 사람이 아니던가! 시인은 꽃잎 한 장에서 햇살 한 올의 무게와 바람 한 점의 무게를 보는 사람이다. 서 시인은 보일 때까지 응시(凝視)하는 법을 배우고자 한다.

그래서 그는 삶이 질곡의 상태에 놓일지라도 소망의 끈을 놓지 않는다. 무엇보다도 '내 몸과 마음 내 영혼은 늘/ 십자가에 기대어 간다'고 노래하며 발걸음을 옮긴다. 그 길의 끝에서 시인은 귀로 듣던 사랑을 눈으로 보며 하늘의 시편을 만들어 내리라.

아름다운 시집의 출간을 진심으로 축하한다.

| 추천의 글 |

권 태 헌 장로. 수필가, 한국기독교작가협회 고문

서민기 시인을 알게 된 것은 10여 년 전 기독교 작가협회 창립 예배에 참석했을 때부터이다. 시인께서는 서대전 중앙교회 담임목사로 시무하시면서 기독교 작가협회를 세우시고 회장으로 봉사하시면서 기독교문예지의 편집과 발행을 맡아 수고해 오셨다. 특별히 기독교문예지가 영리를 추구하거나 세상적 인기나 명예를 좇음이 없이 오로지 예수님을 찬양하는 순수한 기독교 문예지가 될수 있도록 기도하시면서 헌신해 오신 그 헌신을 하나님께서도 기뻐 받으실 줄 믿는다.

시인의 시를 통해서 우리는 연약하지만 예수님 의지하고 살아가는 순화된 인간의 노래를 듣는다. 시인의 눈에도 죄악이 없다. 오직 사랑이 있고 소망이 있을 뿐이다. 온유하고 겸손한 자의 예수님 찬양이다. 은은하게 풍겨나는 예수님의 향기를 독자 여러분께서도 만끽하실 수 있기를 기도드린다.

| 작품해설 |

절실한 정서와 신앙의 신비

– 서민기 시인의 작품세계

문학평론가 리 헌 석
(사) 문학사랑협의회 이사장

1.

서민기 시인(1954~현재)은 충청남도 공주시와 대전에서 성장기 대부분을 보내고 뜻한 바 있어 성직자로 나섭니다.

서민기 시인은 '심령이 가난한 사람들'을 위하여 기도하는 목사 신분입니다. 또한 어지러운 세상에서 '죄 지은 인류'를 구원하기 위해 무거운 짐을 자임한 분입니다. 나아가 한국기독교작가협회를 창설하여 초대회장으로 봉사하는 일꾼입니다. 그래서 그의 시는 기독교 신앙에 뿌리를 두고 있습니다. 또한 자연에서 아름다운 정서를 함양하고, 사람과 자연은 둘이 아니라는 불이(不二)의 경지를 노래하기도 하는데, 기독교 신앙이 간접적으로 작용(作用)합니다.

자작나무 숲길
바람과 함께 거닐다
날마다 솟아나는 샘을 만났다.

맑은 물속을 들여다보니
청명 하늘이 그 속에 있고
흰 구름이 흐르고
바람도 멈추어 쉬는 샘

솟는 샘물을 들이켜니
하늘을 마셨고
구름을 마셨는데
머리부터 심장까지 흐르는 기운은
필시 샘물이 나를 마셨음이라.

마르지 않는 샘
날마다 올라오는 물은
목마른 사슴을 기다림이라.

—「마르지 않는 샘」 전문

이 작품은 자연에서 영감을 얻어 지은 작품이면서, 자아 표현의 형상화로 보입니다. 시인 스스로 마르지 않는 샘이 되고자 하는 내면의 반향일 터입니다. 서정적 자아는 자작나무 숲길을 거닐다 마르지 않고 솟아나는 샘을 만납니다. 이는 기독교 신앙을 처음으로 맞이했을 때의 상황으로 보아도 무리가 없을 것 같습니다. 샘의 물속을 보니 푸르고 맑은 하늘과 흰 구름이 보입니다. 끊임없이 움직이면서, 때로는 물살을 만들어 훼방을 놓는 속성의 바람도 그 곳에서는 잠시 쉬어간 것 같습니다. 이때 '샘'은 기독교 신앙의 비유적 보조 관념으로 보입니다.

시인은 그 샘물을 마십니다. 샘물과 함께 샘물에 들어있는 하늘과 구름도 함께 마십니다. 그러자 〈머리부터 심장까지 흐르는 기운〉이 온 몸에 작용하여 청량한 시심을 유발합니다. 자신이 샘물을 마신 것인지, 샘물이 몸에 들어온 순간, 샘물이 자신을 마신 것인지 명확하지 않습니다. 이는 시인 스스로 샘물과 동화된 물아일체(物我一體)의 경지에 이르렀다는 문학적 형상화라 하겠습니다. 그리하여 〈마르지 않는 샘〉으로서의 시인은 〈목마른 사슴〉으로서의 신자들을 기다리는 목자의 위치로 승화됩니다. 이런 깨달음은 장자와 노자의 동양 사상과도 닿아 있으며, '일체유심조'라는 불교 신앙과도 닿아 있습니다.

작품 「하늘이 말한다」에서 이러한 형상화 경향은 더욱 분명하게 드러납니다. 〈한없이 크고 아름다운 우주가/ 하나님 영광을 찬양한다.〉는 전제에서 〈날은 날에게 말하고/ 밤은 밤에게 전한다.〉는 전교(傳敎) 전도(傳導)의 열망을 간결하게 정리하여 보여줍니다. 이와 같은 시적 성취는 서민기 시인만의 문학적 독자성이라 하겠습니다.

2.

평범한 사람으로서의 목자 생활은 빈틈이 있을 수도 있지만, 지도자로서 목자의 삶은 빈틈이 없어야 함을 성경은 보여줍니다. 이집트의 노예생활에서 벗어나는 길, 모세가 잠시 무리를 떠나 '십계'를 받아 오는 사이에도 일부 무리들은 황금으로 우상을 만들어 숭배합니다. 이들을 깨우치는데 헤량할 수 없는 갈등이 일어나고, 때로는 눈물어린 결단이 필요하였던 상황을 짚어보면, 피를 토하며 기도하는 목자들의 삶을 이해할 수 있습니다.

이러한 과정을 시인은 비유적으로 표출합니다. 「새벽을 기다리는 사람들」에서 〈억지 잠을 뒤척이는/ 행상의 그림자도 서러워라/ 쑤시고 결리고 조각 잠을 뒤척이다〉 깨어보니 '따끈한 국밥' 한 사발이 곧 행복이라고 말합니다. 그 쑤시고 결리는 상황을 시인은 〈험산 준령〉을 넘는 것과 '심산유곡'을 돌아가는 나그네 길로 비유하는 것 같습니다. 험한 길을 재촉하며 〈새벽을 기다리는 나라〉를 향하여 가다보면, 〈어지신 하나님은/ 은총을 아끼지 아니하고/ 새벽이슬처럼 하늘에 뿌리신다.〉는 믿음으로 만난(萬難)을 극복하기에 이릅니다.

아리고
쓰린 자리
가시 하나 박혔는데
달이 가고 해가 지나도
떼어 내지 못할
친구이다.

천방지축
철없이 뛰는 이
아주 넘어질까 싶어
이제 좀 근신하라고
좀 더 낮아지라고
하나님이 안겨준
선물이다.

—「가시」 전문

아프고 쓰린 자리에 설상가상(雪上加霜)으로 박힌 '가시' 하나가 시인을 괴롭힙니다. 생활 속의 일이거나, 신체적 질병이거나, 혹은 목회자로서의 겪는 어려움이거나, 힘든 삶 속에 새로운 고통이 겹치는 상황을 만나게 마련입니다. 그러나 시인은 절망하지도 않고, 분노하지도 않습니다. 〈하나님이 안겨준/ 선물〉로 수용합니다. 〈천방지축/ 철없는 아이/ 아주 넘어질까 싶어〉 근신하여, 새롭게 거듭나라는 하나님의 계시로 새로운 기회로 받아들입니다.

이는 「사랑꽃」의 2연에서 〈가끔씩/ 가시로 나를 찌르지만/ 다 나의 잘못이려니 하면/ 아프지〉 않다는 노래와 같습니다. '다 나의 잘못'이려니 생각하는 것은 아량을 베풀거나 회개(悔改)하는 과정이며, 이 과정을 지나면 '고요한 평화'에 이르게 됩니다. 작품 「회개」에서 이러한 과정을 노래하고 있습니다. 〈시작도 끝도 알 수 없는/ 먹먹한 가슴앓이를 한다.〉 〈불덩이 같은 것이 울컥하고/ 감정 저 깊은 바닥에서 올라와/ 수도가 열린 듯 입이 열렸다.〉 〈나의 죄를 줄줄이 토설하는데/ 어찌 그리도 많은지/ 남 보기가 부끄러워/ 머리를 들 수〉 없었다고 고백하는 것이 그러합니다. 그리하여 〈주여, 저는 죄인입니다.〉 주님 앞에 무릎을 꿇고 용서를 구합니다. 이처럼 스스로 낮추어 기도하는 자세가 아름답습니다.

3.

전자공학을 전공한 시인은 군에 입대하여 레이더 장비를 관리하고 수리하는 병과를 받아 3년 3개월간 현대전의 첨병으로 국방의 의무를 다합니다. 분단된 조국에 대한 가없는 슬픔을 느끼는 것도 조국을 지켜본 사람만의 충정(衷情)일 터입니다. 나라가 있어야 겨레도 있고, 겨레의 미래도 있는 것이기에, 퇴역한 지 30여 년이 지났지만 그의 조국애(祖國愛)는 불같이 뜨겁습니다. 기독교의 목자(牧者)가 되어서도 가슴 터지는 울음으로 조국을 위해 기도하는 시심이 오롯합니다. 시인은 나라의 안위를 걱정하는 목회자로 정평이 나 있습니다.

경험을 바탕으로 빚은 「전선의 밤은 기울고」에서 〈긴 밤 다 가도록/ 침묵의 강 흐르고/ 초저녁부터 새벽까지/ 초병(哨兵)의 눈에 아른거리는/ 나의 슬픈 조국〉이라고, 분단된 국가의 운명을 통탄합니다. 남과 북 사이에 〈해빙의 바람 청산에 불어온다 하지만/ 밤은 깊은 수렁에서 헤어나지〉 못하여 목이 멘다는 그는 〈갈밭 사이로 스치는 바람소리/ 흑암(黑暗)이 도망치는 소리/ 평화가 찾아오는 소리/ 천사가 오는 소리〉를 간원(懇願)합니다. 특히 〈금수강산/ 아름다운 땅에/ 평화는 언제나 오려는지/ 풀벌레는 밤새 목 놓아 울고,/ 이등병 황소 눈〉으로 초병의 의무를 다하였던 군 시절을 떠올리며 향수에 젖습니다.

유월이 오면
물소리 새소리 바람소리
전사들의 넋을 기리며
산은 늘 울음을 운다.

바람도 쉬 넘어가고
구름도 한가히 흘러가는데
조국강산은 반백년을
답답한 가슴 쓸어내리며
유월의 울음을 운다.

남북으로 뻗어 내린 명산
고을고을 사무친 소원이
골짜기마다 아로새길 만감(萬感)인데
달이 차고 해가 기울어도
다 부르지 못할
대한의 애가(哀歌)여!

그 날을 못 잊어서
강산을 맴도는
산울림이 되고 싶다.

—「산울림」 전문

군에서 복무하거나, 군 생활을 마치고 예비역으로 생활하는 대한민국 국민은 누구나 정서적으로 6월을 앓습니다. 북한의 6.25 침략으로 시작된 동족상잔의 아픈 기억이 그러하고, 나라를 위해 산화하신 분들을 기리기 위해 제정한 현충일이 눈물샘을 자극하게 마련입니다. 평범한 사람보다 좀 더 예민한 정서를 지닌 시인은 〈유월이 오면/ 물소리 새소리. 바람소리/ 전사들의 넋을 기리며/ 산은 늘 울음을 운다.〉고 자신의 통곡하는 내면을 자연에 의탁합니다. 울음을 우는 '산'은 시인을 비롯하여 '가신 임'을 기리는 사람들의 보조관념으로 기능합니다.

다시 〈조국강산은 반백년을/ 답답한 가슴 쓸어내리며/ 유월의 울음을 운다.〉고 노래합니다. 이 노래는 아무리 불러도 다 부를 수 없는 〈대한의 애가(哀歌)〉여서 시인은 〈강산을 맴도는/ 산울림〉이 되고 싶다고 소망합니다. 조국에 대한 사랑은 신앙으로 이어져 절실한 노래를 만듭니다. 「그리움」에서 시인은 〈내 영혼의/ 위대한 주여/ 그리워 뜬눈으로 울다가/ 밤새 서 있는 내 심령은/ 흑암(黑暗) 속에서/ 아침을 기다리는/ 소년 초병(哨兵)〉이라고 고백합니다. 나라와 겨레의 건강한 행복을 지키겠다며 의연하게 기도하는 시심이 담겨 있습니다.

4.

서민기 시인은 목사로서의 사명에 전심전력을 다하는 분입니다. 시를 빚는 것도 하나님의 영광을 노래하는 것에 다

름 아닙니다. 전역한 국군으로서 조국을 사랑하는 것도 신앙 생활에 충실하기 위한 충정(衷情)이고, 나라를 지켜야 한다는 소신의 발현(發現)입니다. 가족을 사랑하는 것이나 이웃을 염려하는 것도 하나님께로부터 '보기에 좋았더라'와 같이 상찬 받기 위한 자세입니다.

그는 「이 생명 바쳐 사랑하다」에서 노래하듯이 〈푸른 초원을 뛰노는 양떼들〉을 이끌며 〈사랑하는 주님을 모시고〉 싶다고 소망합니다. 〈주님을 만난 나의 삶이/ 결코 후회가 없음은/ 이 생명 바쳐서 사랑하다가/ 당신 곁으로 가려〉 함이라고 고백합니다. 이를 실현하기 위하여 이웃을 '아름다운 사람'으로 인식하고, 시인 자신도 '아름다운 생활'을 견지(堅持)합니다.

바람의 언덕에
잡초처럼 살아도
꽃보다 아름다운 사람

거센 세파에 흔들리는
풀잎처럼 연해도
아주 넘어지지 않는 사람

맑은 물과 푸른 숲에
단풍처럼 화려하면서
결코 교만하지 않은 사람

마른 가지처럼 아팠을 때도
끝까지 포기하지 않고
눈꽃(雪花)되어 피어나는 사람

당신은 세상에서
가장 아름다운 사람.

—「아름다운 사람」 전문

서민기 시인은 가족이나 이웃을 '아름다운 사람'이라고 칭찬하고, 스스로 아름다운 사람이 되기 위해 전심전력(全心全力)을 다합니다. 이는 자연의 아름다움과도 닿아 있습니다. 「가을은 산을 넘어 온다」의 3연에서 〈국화향 가득한 밤/ 호롱 등불 걸어두고/ 잔잔한 노래 흐르는 창가에/ 황혼이 시샘을 하나/ 내일은 더 높은 산에 올라/ 더 아름다운 단풍으로/ 저 산들을 그려볼 셈〉이라는 의지 역시 아름다움에 대한 추구라 하겠습니다.

또한 「나 하얀 달로 그대 곁에 떠서」를 통하여 〈동지섣달 긴긴 밤을/ 파랗게 떨고 있는 별아/ 나 하얀 달로 그대 곁에 떠서/ 온 하늘 가득한 사랑〉으로 포근하게 품어주겠다는 발상도 신선합니다. 그리하여 「겨울이 오기 전에」에서처럼 〈길고 험한 계절에/ 사랑의 불씨 여전히 밝혀 놓고/ 도란도란 모여앉아 기도하는 곳/ 내일을 꿈꿀 수 있는 곳〉으로 함께 달려가겠다는 의지 역시 건강합니다.

서민기 시인은 기독교 목사의 직분을 대표하여 국립묘지 '대전 현충원'의 '안장식'에서 봉사합니다. 영령(英靈)들의 숭고한 희생정신을 기리며, 그 분들의 애국혼을 추모하는 말씀으로 위무(慰撫)하는 분입니다. 일제 강점기에 순국하신 영령들, 군(軍)에서 오랫동안 봉직하며 애국을 실천하신 분, 나라를 위해 일하다가 순직하신 분 등, 몇몇 분을 합동으로 안장하는 의식을 집전합니다. 안장식에서 모시는 분들은 모두 애국애족의 화신들입니다. 이 분들을 천국으로 떠나보내면서 시인은 엄청난 파동(波動)으로 떨려오는 정서적 충격을 만나게 되고, 그러한 떨림이 작품에 투영되어 나타납니다. 그리하여 충격적 정서가 담긴 그의 작품은 수많은 독자들과 함께 눈물어린 감동을 공유하리라 확신하며, 작품 감상을 맺습니다.

마르지 않는 샘
서민기 시집

발 행 일 | 1쇄 2017년 11월 18일
2쇄 2017년 11월 30일
지 은 이 | 서민기
발 행 인 | 李憲錫
발 행 처 | 오늘의문학사
출판등록 | 제55호(1993년 6월 23일)
주 소 | 대전광역시 동구 대전로 867번길 52(한밭오피스텔 401호)
전화번호 | (042)624-2980
팩시밀리 | (042)628-2983
전자우편 | hs2980@hanmail.net
카 페 | cafe.daum.net/gljang(문학사랑 글짱들)
cafe.daum.net/art-i-ma(아트매거진)

공 급 처 | 한국출판협동조합
주문전화 | (070)7119-1752
팩시밀리 | (031)944-8234~6

ISBN 978-89-5669-867-0
값 9,000원